MON CHAT EST UN CAS !

CAMILLE GENISSEL

MON CHAT EST UN CAS !

ILLUSTRATIONS : MAËLLE LE TOQUIN

ulmer

SOMMAIRE

Introduction.................................... 7

Faut-il adopter un chaton ou un chat adulte ?......................... 8

Comment mon chat a-t-il appris à miauler ?....................................10

Mon chat renverse sa gamelle..........13

Mon chat mange de l'herbe..............14

Mon chat refuse d'entrer dans sa caisse de transport............16

Mon chat boit l'eau du robinet.........19

Mon chat fait les poubelles.............20

Mon chat régurgite..........................23

Mon chat mange tout au long de la journée...............................24

Mon chat adore l'huile d'olive.........25

Mon chat aime le jaune d'œuf.........26

Mon chat saute sur tout ce qui bouge.................................29

Mon chat rapporte des souris à la maison..................................30

Mon chat ne mange pas les souris... 32

Mon chat dort beaucoup.................34

Mon chat chasse les oiseaux...........37

Mon chat fait du bruit lorsqu'il voit un oiseau par la fenêtre.........38

Mon chat se frotte sur mes chaussures.......................39

Mon chat fait tomber mon stylo......41

Mon chat se frotte sur mes jambes . 42

Mon chat cligne des yeux quand je lui parle..........................45

Mon chat m'aime-t-il ?....................46

Mon chat ne vient pas quand je l'appelle..........................47

Mon chat adore se coucher sur mes vêtements.......................49

Comment avoir un chat très câlin ?....................................50

Mon chat reste la bouche ouverte... 52

Mon chat reste des heures assis sans bouger.................................53

Mon chat passe son temps à regarder l'aquarium..................54

Mon chat joue, même adulte...........57

Mon chat attrape le bout de sa queue..................................58

Mon chat attaque mes pieds...........60

Mon chat détruit les plantes d'intérieur..................63

Mon chat a peur du papier aluminium 64
Mon chat grimpe sur tous les meubles 65
Mon chat joue à Spiderman sous mon lit 66
Mon chat a son quart d'heure de folie le soir 68
Mon chat monte sur la table 70
Mon chat nous réveille très tôt le matin 71
Mon chat se lave beaucoup 73
Mon chat vit la nuit 74
Mon chat va chez le voisin 76
Mon chat se bagarre avec les autres chats 78
Mon chat fait le dos rond 80
Mon chat joue dans les sacs 83
Mon chat urine en jet 84
Mon chat se frotte sur les murs 86
Mon chat s'acharne sur le canapé 88
Mon chat aime dormir en hauteur 90
Mon chat se cache pour dormir 92
Mon chat ne veut pas partager son lit 93
Mon chat se couche n'importe où 95
Mon chat hérisse le poil 96
Mes chats ne s'aiment pas 98
Mon chat est castré mais il a des copines 101
Mon chat feule sur mes amis 102
Mon chat fait ses besoins dans mon potager 104
Mon chat apprend à faire ses besoins dans la litière 106
Mon chat ne recouvre pas son urine 109
Faut-il couper les griffes de mon chat ? 110
Mon chat perd ses griffes 112
Mon chat perd ses poils 113
Mon chat a les yeux fluorescents la nuit 115
Mon chat est-il heureux ? 116

Conclusion 119

INTRODUCTION

Ce livre apporte des réponses simples et efficaces, et ce afin d'aider un maximum de familles humaines qui ont un chat et un maximum de chats qui ont une famille humaine.

Pour résoudre les problèmes de comportement des chats, j'ai créé la méthode METHODE EDEN : Éducation Douce Et Naturelle. Le principe est de comprendre comment l'animal vivrait dans la nature et d'observer si quelque chose dans son environnement n'est pas adapté à son comportement naturel. C'est cette méthode que j'utilise au sein de mon organisme de formation EDEN ACADEMY et dans cet ouvrage, quand certains comportements posent souci et doivent être résolus.

FAUT-IL ADOPTER UN CHATON OU UN CHAT ADULTE ?

Selon l'âge du chat, l'objectif sera différent.

Si vous adoptez un chaton, laissez-le le plus longtemps possible avec sa mère, c'est-à-dire au moins jusqu'à ses 3 mois. Adopter un animal trop tôt, c'est le priver de sa mère et vous créer beaucoup de travail. Laissez sa mère faire, elle saura beaucoup mieux l'éduquer et communiquer avec lui que vous.

Après 3 mois, vous pourrez l'adopter et l'éduquer à votre tour. Contrairement à ce que l'on entend souvent, il n'est jamais trop tard ! Vous pourrez faire évoluer les règles de vie au fur et à mesure de l'évolution de votre chat.

Un chaton fera plus de bêtises qu'un chat adulte, mais c'est tout à fait normal, il est jeune. Il deviendra adulte vers l'âge d'1 an et demi.

L'avantage d'adopter un chaton est son apparence craquante et adorable. Et si des animaux sont déjà présents à la maison, il vous sera plus facile de faire accepter le chaton.

Attention cependant aux chiens qui peuvent les prendre pour des proies ! Un chaton sera très joueur, explorera son territoire en grimpant partout et demandera une surveillance permanente.

Si vous adoptez un chat adulte, l'idée est plutôt de l'adopter au sein d'un refuge : vous lui offrirez ainsi une véritable vie de famille ! Le chat adulte n'aura pas les comportements du chaton et il pourra montrer quelques comportements indésirables, du fait de son passé, qui seront néanmoins en général minimes. Il est toujours capable d'apprendre et de s'adapter à sa nouvelle vie, à condition que l'on s'adapte aussi à lui. Les bêtises seront moins nombreuses et il saura mieux se contrôler.

Il y a donc des avantages et des inconvénients dans les deux cas, il faut choisir en fonction de votre mode de vie. Notez cependant que les chatons seront plus facilement adoptés au sein des refuges mais que certains adultes seraient ravis de trouver une famille.

EN RÉALITÉ,
IL S'AGIT SURTOUT DE RENDRE LES ADOPTIONS PLUS ÉQUITABLES ENTRE LES CHATONS ET LES ADULTES

COMMENT MON CHAT A-T-IL APPRIS À MIAULER ?

Le miaulement des chats est destiné à l'être humain. Le chaton apprend en observant sa mère et notre réaction. Son miaulement attire notre attention et lui permet d'obtenir ce qu'il veut. Il peut exprimer la faim, la colère ou un besoin de tendresse.

Lorsque l'on est attentif à son chat, on reconnaît les différents miaulements et leur signification. Nous communiquons réellement avec notre chat.

Il faut tout de même s'assurer que votre chat est en bonne santé : certains miaulements excessifs peuvent devenir gênants et signalent une angoisse et une anxiété.

EN RÉALITÉ,
VOTRE CHAT VOUS PARLE !

MON CHAT RENVERSE SA GAMELLE

Votre chat peut renverser sa gamelle alimentaire pour s'occuper, faire bouger son contenu et se donner l'impression de chasser.

Il adopte le même comportement avec la gamelle d'eau. L'objectif est de donner un coup de patte pour faire bouger l'eau et la rendre plus comestible à ses yeux. Une eau stagnante est potentiellement dangereuse pour lui.

Il recrée ce qu'il doit avoir dans la nature. Son besoin de chasser est viscéral et instinctif. Ces comportements sont souvent observés sur les chats qui n'ont pas accès à l'extérieur.

Vous pouvez compenser en lui donnant à manger à différents endroits, en rendant l'accès à sa gamelle alimentaire plus difficile (la cacher derrière un meuble, par exemple).

Ainsi, votre chat assouvira son instinct de chasseur et sera plus propre à vos yeux.

EN RÉALITÉ,
VOTRE CHAT SE CRÉE DES SCÉNARIOS DE CHASSE ET DE NATURE

MON CHAT MANGE DE L'HERBE

Les chats sont des carnivores stricts, c'est-à-dire qu'ils ne mangent que des protéines animales. Cependant, ils ne mangent pas de fibres, ils ont donc besoin d'une aide pour mieux digérer.

Manger de l'herbe leur permet de vomir par réflexe et de vider le contenu de leur estomac, dans lequel on retrouve souvent des boules de poils et des restes de chasse. C'est un comportement réflexe d'être attiré par la verdure.

S'il n'a pas la possibilité de sortir, pensez à mettre à disposition de l'herbe à chat, sous peine que votre chat s'attaque à des plantes toxiques. De cette manière, vous protégez vos plantes et votre chat.

EN RÉALITÉ,
VOTRE CHAT SE PURGE L'ESTOMAC

MON CHAT REFUSE D'ENTRER DANS SA CAISSE DE TRANSPORT

La majorité des chats n'aiment pas voyager parce qu'ils sont très attachés à leur territoire. En changer est un grand stress, accentué par l'odeur et le bruit de la voiture. Dans la caisse de transport, le chat est enfermé dans un espace réduit, un comble pour le plus libre des animaux domestiques. De plus, on transporte souvent les chats pour aller chez le vétérinaire, source de stress extrême pour lui.

Pour que le chat accepte de rentrer dans sa caisse de transport, il faut jouer sur plusieurs facteurs.

Le chat aime les endroits connus et son territoire, laissez la caisse de transport ouverte en permanence à sa disposition pour qu'elle s'intègre parfaitement à son territoire. Vous pouvez y placer une couverture pour qu'il s'y couche ou quelques croquettes pour qu'il puisse « chasser », pour associer la caisse à quelque chose d'agréable. Si votre chat aime jouer dans des sacs ou des cartons, vous pouvez insérer la caisse de transport dans un sac ou dans un carton en la laissant ouverte. Cela donnera un aspect connu et positif à la boîte de transport.

Le plus simple est de l'habituer à la caisse de transport régulièrement dans la maison. Placez votre chat à l'intérieur, fermez la caisse, attendez quelques secondes et ouvrez en le récompensant avec un aliment qu'il aime. Progressivement, augmentez le temps qu'il passe dans la caisse, jusqu'à ce qu'il y aille de lui-même ; il sait qu'il obtiendra une récompense.

Ensuite, si la voiture pose problème, placez la boîte de transport dans la voiture quelques minutes, moteur allumé, puis sortez le chat et récompensez-le. Faites un court trajet, et augmentez les temps de trajet progressivement et régulièrement, et uniquement si le chat montre des signes de détente ; dans le cas contraire, c'est qu'il est encore trop tôt.

Si votre chat ne supporte pas l'enfermement et que vous êtes deux personnes, une personne peut se placer à l'arrière et le tenir en laisse avec un harnais.

Faites quelques trajets pour aller dans un lieu que votre chat apprécie avant d'aller chez le vétérinaire.

Si vous partez en vacances, demandez à quelqu'un de venir chez vous pour le voir, le nourrir et passer du temps avec lui.

EN RÉALITÉ,
VOTRE CHAT PRÉFÈRE RESTER LIBRE ET CHEZ LUI

MON CHAT BOIT L'EAU DU ROBINET

Les chats aiment particulièrement boire à tous les endroits où l'eau n'est pas stagnante. Dans la nature, l'eau stagnante est source de maladie, car les bactéries s'y développent. Afin de rester en bonne santé, les chats sont naturellement attirés par l'eau qui coule. L'eau du robinet est donc un très bon moyen de boire en toute sécurité et en s'amusant.

Les chats ont tendance à avoir facilement des problèmes de reins, il est parfois intéressant de les encourager à s'abreuver de manière plus importante. Une fontaine avec de l'eau qui coule en permanence peut être une bonne solution.

Vous pouvez laisser votre chat boire au robinet et partager ce moment avec lui.

EN RÉALITÉ,

VOTRE CHAT PROTÈGE SA SANTÉ TOUT EN S'AMUSANT

MON CHAT FAIT LES POUBELLES

Le chat est opportuniste et est attiré par l'odeur de la nourriture dans les sacs-poubelles. Grâce à ses griffes, il peut percer le sac et ingérer ce qui s'y trouve. Au-delà du fait qu'il peut ingérer une substance dangereuse, ce n'est pas toujours agréable de devoir tout ramasser.

Certains chats sont particulièrement attirés par les poubelles parce qu'ils cherchent à se rassasier. L'alimentation de votre chat est la première chose à vérifier. Il doit avoir accès à la nourriture 24 h/24, avec de l'eau à volonté. Son alimentation doit être de bonne qualité et adaptée à sa nature ; la viande doit représenter le principal constituant. En plus de sa ration de croquettes, donnez-lui du poisson sans arêtes, des sardines, de la viande blanche et même du jaune d'œuf.

Ainsi, votre chat ne sera pas obligé de fouiller dans les poubelles pour manger varié, en quantité et en qualité.

EN RÉALITÉ,
VOTRE CHAT SOUHAITE MIEUX S'ALIMENTER

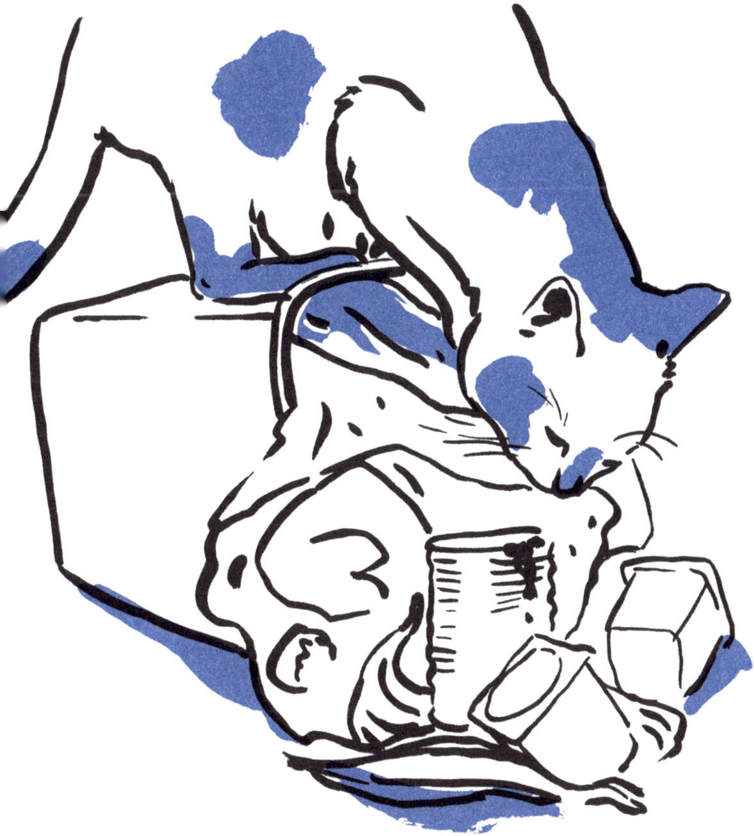

MON CHAT RÉGURGITE

Si votre chat régurgite, cela signifie que le contenu de son estomac remonte sans contractions abdominales, comme lorsqu'il vomit. La régurgitation a lieu pour différentes raisons : les boules de poils en sont la cause la plus fréquente.

Une prise trop rapide de nourriture est aussi courante. Dans ce cas, c'est normal.

Vous devez cependant vérifier chez votre vétérinaire qu'il ne s'agit pas d'une pathologie ou d'une intoxication alimentaire.

EN RÉALITÉ,

VOTRE CHAT REJETTE LES BOULES DE POILS ET/OU MANGE COMME UN GLOUTON

MON CHAT MANGE TOUT AU LONG DE LA JOURNÉE

Les chats possèdent un appareil digestif court pour manger de petites proies comme les souris ou les oiseaux. Ces petites proies sont consommées régulièrement tout au long de la journée. Dans la nature, ils peuvent manger jusqu'à 15 repas par jour.

Ils cherchent donc à reproduire ces comportements au sein des familles. Le mieux est de leur laisser des croquettes à disposition tout en leur proposant des repas variés et équilibrés matin et soir.

Les chats peuvent manger de la viande sans os, du poisson sans arêtes et du jaune d'œuf.

Si votre chat s'ennuie, il peut aussi s'occuper en mangeant. Dans ce cas, il faut lui trouver des activités. De cette façon, il pourra garder son rythme naturel.

EN RÉALITÉ,

VOTRE CHAT REPRODUIT LES COMPORTEMENTS NATURELS ET S'OCCUPE

MON CHAT ADORE L'HUILE D'OLIVE

Certains chats sont très attirés par certaines odeurs. Ils ont la même réaction que face à de l'herbe à chat.
Le composant actif de l'olive est très puissant, c'est un anti-dépresseur naturel qui lui rappelle les odeurs des phéromones produites par ses congénères, notamment lors de l'accouplement. Cette odeur agit comme le cannabis avec un euphorisant qui dure environ 15 minutes.

La cataire est une plante bien connue qui a la même action sur le chat.

Si vous souhaitez que votre chat ait envie d'aller dans son nouveau panier ou qu'il joue avec son nouveau jouet, vous pouvez frotter une olive sur ces objets. De cette manière, il les adoptera facilement.

EN RÉALITÉ,
VOTRE CHAT EST EUPHORIQUE !

MON CHAT AIME LE JAUNE D'ŒUF

Les chats sont exclusivement carnivores, ils ont besoin de protéines animales. Ils aiment donc les œufs. Il vaut mieux éviter le blanc cru car il empêche l'assimilation de la protéine contenue dans le jaune. Vous pouvez cependant lui donner du jaune d'œuf cru qui lui apportera des vitamines, des acides gras, des minéraux comme le calcium, du magnésium et des matières organiques, ainsi que de la taurine, indispensable à la vie du chat, qui se trouve habituellement en grande quantité dans la souris ! L'œuf constitue un excellent complément alimentaire naturel pour votre chat.

EN RÉALITÉ,
VOTRE CHAT NE CHASSE PAS LA CROQUETTE !

MON CHAT SAUTE SUR TOUT CE QUI BOUGE

Les chats sont des prédateurs très attirés par tout ce qui est petit et qui bouge vite. Il peut donc chasser réellement ses proies ou simuler une attaque en jouant avec vos mains, un pied qui bouge sous une couette, une petite balle ou un rayon laser.

C'est un comportement naturel représentatif de son instinct de chasse toujours présent.

Si votre chat ne peut pas sortir, il est important de se servir de cette attirance pour le mouvement pour jouer avec lui et le faire se dépenser.

De cette manière, votre chat gardera la forme.

EN RÉALITÉ,
VOTRE CHAT A GARDÉ UN INSTINCT DE CHASSE VISCÉRAL

MON CHAT RAPPORTE DES SOURIS À LA MAISON

Il arrive régulièrement que votre chat ramène des souris à la maison. Comme vous, les chats vont faire leurs courses dans les lieux publics et les rapportent à la maison pour les manger tranquillement.

Votre chat peut ainsi jouer avec la souris ou la manger. Il lui arrive aussi de nous l'offrir. C'est un cadeau qu'il faut apprécier car c'est une grande marque d'affection.

EN RÉALITÉ,

VOTRE CHAT VOUS AIME

ET AIME MANGER TRANQUILLEMENT CHEZ LUI

MON CHAT NE MANGE PAS LES SOURIS

Les chats sont des carnivores et se nourrissent tout au long de la journée de petites proies, dont les souris, leur proie de prédilection. Facile à trouver, la souris contient beaucoup de taurine, un acide aminé essentiel que le chat ne synthétise pas et qu'il doit trouver dans sa nourriture. Tous les chats sont donc naturellement faits pour manger des souris. Pourtant, certains d'entre eux ne les mangent pas.

Comme tous les animaux domestiques, les chats restent des animaux avec leurs instincts sauvages et naturels, tout en ayant besoin du confort et de la sécurité qu'offre la domestication. Leur comportement alimentaire en découle. Ils sont toujours intéressés par les souris, mais à cause de la domestication, certains ne vont plus jusqu'à les manger. En effet, on peut évoquer le patron-moteur qui est une forme de programmation pour la prédation qui permet au chat de toujours procéder de la même manière face à une proie : observation-traque-poursuite-capture-mise à mort-ingestion.

Avec la domestication et les habitudes alimentaires (croquettes, pâtés), la chaîne du patron-moteur se trouve coupée et stoppe à n'importe quel maillon. Bien souvent, elle s'arrête après la capture pour que la mise à mort et l'ingestion soient remplacées par du jeu. C'est ce qui explique que certains chats ne vont pas jusqu'au bout de la chaîne comportementale et ne mangent pas la souris.

Cependant, ils peuvent vous l'offrir. Pour un chat, il s'agit d'une grande marque d'affection car c'est ce qu'offrent les mères à leurs petits.

Ils peuvent aussi rentrer dans la maison pour jouer avec la souris, le jeu et l'ingestion de la proie doivent être réalisés en lieu sûr. Le chat revient donc à la maison pour jouer ou manger la souris.

EN RÉALITÉ,
VOTRE CHAT EST BIEN DOMESTIQUÉ ET VOUS AIME

MON CHAT DORT BEAUCOUP

Les chats sont des prédateurs carnivores, ils chassent 4 h par jour lorsqu'ils ont accès à l'extérieur et cela leur prend beaucoup de temps. Ils réunissent deux facteurs qui augmentent le temps de sommeil : la durée de la chasse et la digestion de la viande crue.

Comme tous les carnivores, ils dorment beaucoup : en moyenne, 12 h à 16 h/jour.

Si votre chat n'a pas accès à l'extérieur, il dormira beaucoup parce qu'il tente de reproduire le même rythme qu'en milieu naturel, mais il peut même dormir plus pour s'occuper lorsqu'il s'ennuie. Qu'a-t-il d'autre à faire ? Si un comportement naturel ne peut s'exprimer, il sera remplacé par un autre pour compenser. Il ne peut pas chasser, donc il dort !

EN RÉALITÉ,

VOTRE CHAT EST UN CARNIVORE MAIS IL PEUT AUSSI S'ENNUYER

MON CHAT CHASSE LES OISEAUX

Les chats sont des prédateurs et chassent environ 4 h par jour. À l'état naturel, ils mangent souvent tout au long de la journée et des petites proies. Même en vivant dans nos maisons, ils peuvent conserver ce comportement naturel et instinctif.

La seule chose que vous pouvez faire, c'est d'éviter d'attirer les oiseaux, avec de la nourriture par exemple. Mais la nature est ce qu'elle est : c'est la chaîne alimentaire. Votre chat est aussi ce qu'il est : un prédateur.

EN RÉALITÉ

VOTRE CHAT EST UN VRAI CHASSEUR !

MON CHAT FAIT DU BRUIT LORSQU'IL VOIT UN OISEAU PAR LA FENÊTRE

Votre chat fait du bruit lorsqu'il voit un oiseau : ce bruit ressemble à un claquement de dents et/ou à un bruit saccadé. Il peut être l'expression d'une forme de frustration, notamment parce que le chat ne peut pas atteindre l'oiseau.

Cependant, des recherches récentes sur les chats sauvages de la forêt amazonienne ont montré que ces chats imitent le bruit des singes (leurs proies). Une nouvelle théorie veut donc que le chat essaie d'imiter les oiseaux pour les attirer.

EN RÉALITÉ,
C'EST UN PIÈGE !

MON CHAT SE FROTTE SUR MES CHAUSSURES

Les chats sont très intéressés par nos phéromones et nous en produisons sur certaines zones de notre corps, comme les mains et les pieds. Nos phéromones ressemblent beaucoup à celles du chat.

Nous nous lavons fréquemment les mains et elles sont en hauteur. En revanche, nos pieds restent accessibles et leurs odeurs, bien enfermées dans nos chaussures, restent conservées.

Le chat profite de la disponibilité de vos chaussures vides pour analyser toute votre journée. Il s'y frotte ou les lèche pour mieux les étudier.

EN RÉALITÉ,
VOTRE CHAT VEUT QUE VOUS LUI RACONTIEZ VOTRE JOURNÉE

MON CHAT FAIT TOMBER MON STYLO

Votre chat est sur le bureau pendant que vous travaillez. Il pousse votre stylo avec sa patte jusqu'au bord de votre bureau et le stylo tombe. Vous ramassez votre stylo, il recommence.

Le chat veut votre attention et il n'y a pas meilleure méthode parce qu'à chaque fois, vous cessez de travailler pour ramasser votre stylo et lui parler.

Dans la majorité des cas, on trouve cela mignon et plutôt agréable.

A-t-il assez d'activités et d'occupations ? Si oui, il a simplement envie d'être avec vous et que vous vous occupiez de lui. C'est une demande agréable, il pourrait faire autrement.

EN RÉALITÉ,
VOTRE CHAT CHERCHE À ATTIRER VOTRE ATTENTION

MON CHAT SE FROTTE SUR MES JAMBES

Votre chat se frotte sur vos jambes régulièrement et surtout lorsque vous rentrez à la maison. Vous portez des nouvelles odeurs sur vous, qu'il ne connaît pas. En se frottant sur vos jambes, il procède à un échange d'odeurs. Il dépose ses phéromones sur vous et récupère les vôtres.

Il souhaite vous assimiler à son territoire, à un environnement familier.

C'est un geste important pour lui qui signifie qu'il se sent bien avec vous.

EN RÉALITÉ,
VOTRE CHAT VOUS AIME

MON CHAT CLIGNE DES YEUX QUAND JE LUI PARLE

Votre chat cligne des yeux lorsque vous lui parlez et que vous êtes détendu. C'est un comportement d'apaisement qui signifie qu'il est serein. Ce n'est pas souvent qu'une proie peut se permettre de fermer les yeux. C'est un honneur pour vous car votre chat vous accorde toute sa confiance.

Vous pouvez observer ses yeux et ses oreilles qui restent droites.

Profitez de ce moment pour établir un lien de confiance avec lui et pour lui parler. Votre relation sera encore plus profonde.

EN RÉALITÉ,

VOTRE CHAT EST BIEN AVEC VOUS ET IL VOUS LE MONTRE

MON CHAT M'AIME-T-IL ?

Votre chat vous aime s'il est heureux et si vous partagez du temps avec lui. Si vous jouez avec votre chat, un lien fort vous unira. À l'inverse, si vous l'ignorez et que chacun vit de son côté, il sera moins attaché à vous. C'est un peu comme si vous souhaitiez draguer une personne, vous devez créer un lien avec elle en partageant des activités, comme le cinéma ou un repas.

De cette manière, vous vous occupez de lui tout en créant un lien.

Si votre chat miaule et/ou vous regarde en clignant des yeux, c'est qu'il se sent bien en votre présence. Les chats possèdent l'hormone de l'attachement : l'ocytocine. Ils peuvent donc vous aimer d'un amour sincère.

EN RÉALITÉ,
SI VOUS PARTAGEZ DE BONS MOMENTS AVEC LUI, IL VOUS AIMERA

MON CHAT NE VIENT PAS QUAND JE L'APPELLE

Le chat est libre, il n'est pas notre esclave et il n'est pas censé venir dès notre appel.

Même s'il sait qu'on l'appelle, il se peut qu'il soit en pleine chasse, ou qu'il n'ait pas envie de venir.

Il y a peut-être plus intéressant que vous, surtout si c'est juste pour savoir où il se trouve et l'ignorer ensuite.

Si votre chat a peur à cause de la présence d'étrangers ou d'un autre animal chez vous, il ne reviendra pas et il attendra qu'ils partent.

Le chat aime bien s'aventurer plus longtemps à l'extérieur l'été au crépuscule. Si vous souhaitez qu'il revienne avant la nuit pour sa sécurité, vous pouvez le laisser sortir sans manger. Ainsi, il aura faim et rentrera plus vite !

EN RÉALITÉ,
VOTRE CHAT EST LIBRE DE REVENIR QUAND IL LE SOUHAITE

MON CHAT ADORE SE COUCHER SUR MES VÊTEMENTS

Les chats aiment le confort et recherchent souvent un endroit confortable, chaud et douillet pour dormir.

Ils sont aussi des proies qui ont besoin de se sentir en sécurité. L'odeur de vos vêtements lui rappelle votre odeur. Jamais il ne se coucherait sur des vêtements qui ne sont pas les vôtres et qui portent une odeur inconnue.

À certains moments de la journée, votre chat aura envie d'être contre vous, mais si vous n'êtes pas disponible, il ira sur vos vêtements pour se sentir bien et en sécurité.

EN RÉALITÉ,

C'EST UN MOYEN POUR LUI DE RESTER EN CONTACT AVEC VOUS TOUTE LA JOURNÉE

COMMENT AVOIR UN CHAT TRÈS CÂLIN ?

Votre chat peut devenir très câlin si vous entretenez une relation de confiance avec lui et si vous l'habituez à être touché. Pour cela, il suffit de passer beaucoup de temps avec lui en respectant son indépendance. Vous êtes présent, vous lui proposez de jouer mais s'il ne veut pas, restez avec lui sans jouer. Votre présence peut-être suffisante dans un premier temps. Ne lui demandez rien, soyez juste là.

Chaque chat est différent et il faut respecter les besoins de chacun. Si votre chat est trop câlin, voire pot de colle, ce n'est pas mieux : cela signifie qu'il est hyper-attaché et ce n'est pas normal. Votre relation est-elle trop fusionnelle ou votre chat angoissé ?

Laissez-le être lui-même et libre, de cette manière, vous aurez toute sa confiance et le plus de câlins qu'il peut vous apporter.

EN RÉALITÉ,
IL DOIT POUVOIR ÊTRE LUI-MÊME

MON CHAT RESTE LA BOUCHE OUVERTE

Les chats restent la bouche ouverte quelques secondes après avoir senti une odeur. Le chat a l'air hypnotisé. C'est une réaction de Flehmen qui se produit grâce à l'organe de Jacobson situé entre le palais et les fosses nasales. Ce comportement lui permet d'analyser l'odeur des phéromones pour savoir s'il s'agit d'un mâle ou d'une femelle ou bien si le territoire est déjà occupé.

Le stress peut aussi déclencher ce genre de comportement ainsi que certaines pathologies. Si celui-ci est très fréquent, consultez votre vétérinaire.

EN RÉALITÉ,
VOTRE CHAT ANALYSE LES ODEURS

MON CHAT RESTE DES HEURES ASSIS SANS BOUGER

Si votre chat n'a pas pour habitude de rester sans bouger, la première chose à faire est de vérifier son état de santé chez le vétérinaire.

Si le chat est en bonne santé et qu'il est à l'extérieur, il s'agit d'une technique de chasse, autre que la technique active consistant à s'approcher lentement de sa proie et à bondir. Le chat a trouvé une zone d'intérêt (comme un trou de souris), il est embusqué et il attend. Cette technique passive fonctionne très bien et permet au chat de diminuer au maximum ses dépenses énergétiques. Dans la nature, moins on se dépense, mieux c'est, car on ne sait pas quand on va pouvoir remanger.

EN RÉALITÉ,
VOTRE CHAT EST EN PLEINE ACTION

MON CHAT PASSE SON TEMPS À REGARDER L'AQUARIUM

Le chat est attiré par tout ce qui est petit et qui bouge. Il est donc tout naturellement intéressé par les poissons. L'aquarium est une télévision pour votre chat. C'est une occupation et un loisir pour lui. De cette manière, votre chat s'ennuie moins.

Si votre chat est en appartement et qu'il ne sort pas, avoir un aquarium peut être une bonne idée pour l'occuper, à condition de proposer aux poissons un environnement grand et adapté.

EN RÉALITÉ
VOTRE CHAT REGARDE LA « TÉLÉVISION »

MON CHAT JOUE, MÊME ADULTE

Les chats sont joueurs par nature car ils sont attirés par tout ce qui est petit et bouge. Les petits jouent beaucoup pour s'entraîner à chasser et accroître leur performance physique. Les adultes jouent encore pour s'entraîner et jouer tout simplement. Le jeu entretient la capacité physique, la coordination, les muscles, la vue et les réflexes. Il est donc très utile pour rester jeune et bon chasseur toute sa vie.

Si votre chat n'a pas accès l'extérieur, il doit pouvoir jouer au moins 4 h par jour. De cette manière, il gardera la forme.

EN RÉALITÉ
VOTRE CHAT S'ENTRETIENT !

MON CHAT ATTRAPE LE BOUT DE SA QUEUE

Jouer à attraper sa queue est normal pour un chat, surtout s'il est jeune.

Plus le chat est jeune et plus il sera joueur. Les chats sont des prédateurs et ils sont naturellement attirés par tout ce qui est petit et qui bouge rapidement. Tout peut alors se transformer en simulation de chasse et donc en jeu, y compris leur propre queue.

Tant qu'il ne se blesse pas et ne passe pas son temps à faire cela, c'est un comportement normal que vous pouvez laisser faire. Si ce comportement devient excessif, le vétérinaire devra intervenir car certains parasites peuvent en être à l'origine.

EN RÉALITÉ,
VOTRE CHAT JOUE !

MON CHAT ATTAQUE MES PIEDS

Les chats sont des prédateurs, chez qui un comportement de poursuite et d'attaque est déclenché par le mouvement. Dès que quelque chose bouge, les chats sautent dessus. Le chat peut donc attaquer pour chasser réellement ou pour jouer : le jeu est souvent une simulation de chasse.

Dès que vos pieds se mettent en mouvement, ils suscitent une réaction de prédation de la part du chat. C'est ce que l'on appelle une agression de prédation. On observe souvent ce comportement chez les chats en appartement, qui ne peuvent pas sortir à l'extérieur pour chasser et se dépenser. À l'extérieur, ils chassent 4 h par jour en moyenne. Le besoin de chasser est viscéral chez les chats. Même domestiqués, ils restent des félins et gardent leurs comportements de prédateur. Les chats qui ne peuvent pas avoir accès à l'extérieur doivent donc trouver le moyen d'exprimer ces comportements d'une manière ou d'une autre sous peine de déclencher d'autres problèmes, par exemple de santé. Il n'existe pas de chat « d'intérieur », comme il n'existe pas d'humains d'intérieur.

Si on ne lui donne pas la possibilité d'exprimer ses comportements naturels, le chat va devoir trouver un moyen de le faire et vos pieds sont un excellent support !

Chez le chaton, ce comportement est normal et plutôt amusant, mais chez l'adulte, il signifie souvent un manque d'activité. Vous pouvez combler son besoin de chasser et de se dépenser par différents moyens :

- cacher des croquettes dans votre appartement, il aura l'impression de devoir chasser pour trouver sa nourriture
- placer sa gamelle dans un endroit plus difficile d'accès, sur un arbre à chat par exemple
- le faire courir après un rayon laser
- fabriquer une balle avec du papier aluminium
- utiliser une balle de ping-pong.

Tout est possible à partir du moment où l'objet se déplace et/ou est caché comme une proie.

Ainsi, votre chat pourra chasser et se dépenser, et vos pieds seront tranquilles.

EN RÉALITÉ,
VOTRE CHAT N'ATTAQUE PAS VOS PIEDS,
IL MANQUE D'ACTIVITÉS

MON CHAT DÉTRUIT LES PLANTES D'INTÉRIEUR

Les chats sont attirés par les plantes d'intérieur, qu'ils déterrent ou mangent. Ils apprécient notamment la terre meuble, facile à gratter et à recouvrir, comme celle dans laquelle ils font leur besoin à l'extérieur.

Les chats ont besoin d'avoir accès à certains végétaux. Manger de l'herbe les aide à mieux digérer et à éliminer les poils ingérés.

Si votre chat n'a pas accès à l'extérieur, vos plantes seront sa seule ressource.

La plupart des plantes d'intérieur étant toxiques, le plus grand danger n'est pas pour vos plantes, mais pour votre chat. Mettez à sa disposition de l'herbe à chat s'il n'a pas accès à l'extérieur. Ainsi, il ne sera plus obligé de détruire vos plantes.

EN RÉALITÉ,

VOTRE CHAT REPRODUIT LES COMPORTEMENTS NATURELS ET UTILES QU'IL AURAIT À L'EXTÉRIEUR

MON CHAT A PEUR DU PAPIER ALUMINIUM

Votre chat a peur du papier aluminium car il n'aime ni la matière ni le bruit. Les chats préfèrent les matières plus confortables et douces.

C'est donc une excellente astuce pour l'empêcher de faire ses griffes sur certains mobiliers. Vous pouvez placer quelques feuilles de papier aluminium sur les endroits concernés.

En parallèle, il est toujours important de comprendre pourquoi votre chat fait ses griffes à cet endroit et à cette fréquence.

EN RÉALITÉ

VOTRE CHAT N'AIME NI LA MATIÈRE NI LE BRUIT DU PAPIER ALUMINIUM

MON CHAT GRIMPE SUR TOUS LES MEUBLES

Les chats vivent et se déplacent dans un espace en 3 dimensions. Ils se servent de cet espace pour se mettre en hauteur mais aussi pour faire de l'exercice.

Le chat peut donc monter sur la table, sur le plan de travail de la cuisine et sur les endroits qui embêtent l'humain. Si vous réagissez, il le fera d'autant plus lorsqu'il s'ennuie pour attirer votre attention. Il y a un double bénéficie : il fait de l'exercice et vous vous occupez de lui.

Pourquoi l'empêcher de monter sur les meubles ? Un chat est propre, c'est plutôt à nous d'accepter son côté naturel de chat surtout s'il n'a pas accès à l'extérieur pour grimper aux arbres. De cette manière, il peut faire de l'exercice quand il veut.

EN RÉALITÉ,
VOTRE CHAT FAIT DE L'EXERCICE !

MON CHAT JOUE À SPIDERMAN SOUS MON LIT

Les chats ont des griffes qui leur servent à se défendre, mais aussi à grimper pour le plaisir ou pour se mettre en sécurité. Ils cherchent des surfaces dans lesquelles les griffes peuvent s'accrocher facilement. C'est un jeu amusant qui leur permet aussi de marquer leur territoire.

Certains chats ont vite compris qu'à l'envers et sous le lit on peut marcher sous le matelas au-dessus du sol. C'est un excellent jeu pour les

chats qui n'ont pas la possibilité de sortir et surtout vous y réagissez pour l'en empêcher.

Le plus simple est d'ignorer ce comportement indésirable, car nous risquons de l'amplifier. Proposez à votre chat d'autres activités pour grimper et s'accrocher, comme des arbres à chat, disposés du sol au plafond. De cette manière, il sera heureux.

EN RÉALITÉ,
VOTRE CHAT AIME GRIMPER ET S'ACCROCHER,
IL EST FAIT POUR !

MON CHAT A SON QUART D'HEURE DE FOLIE LE SOIR

Les chats ont fréquemment leur quart d'heure de folie le soir. C'est un comportement courant que l'on observe souvent chez les jeunes chats. Ils courent dans tous les sens, sautent sur les meubles et font des allers et retours.

Ce comportement permet au chat d'évacuer l'angoisse et/ou l'énergie accumulée dans la journée.

Il est malheureusement souvent observé chez les chats enfermés en appartement, qui ne peuvent pas se dépenser régulièrement. Il faut alors trouver toutes les solutions possibles pour qu'il puisse se dépenser : des promenades en laisse ou des jeux dans l'appartement peuvent être une bonne solution. Ainsi, il sera plus calme le soir.

EN RÉALITÉ,
VOTRE CHAT A BESOIN DE SE DÉPENSER

MON CHAT MONTE SUR LA TABLE

Les chats vivent dans un espace en 3 dimensions. Ils sont aussi des proies et ont besoin de pouvoir se mettre à l'abri des prédateurs. Ils se mettent en hauteur pour se mettre en sécurité. Le chat a donc tendance à monter sur les tables et les meubles surtout s'il y a de la nourriture. C'est un comportement naturel qu'il faut autoriser dans la mesure du possible pour reproduire sa vie à l'état naturel, surtout s'il ne peut pas sortir en extérieur.

Si un chien ou d'autres animaux font partie de la famille, le chat peut sentir le besoin de se mettre en sécurité en hauteur. Il est important de lui donner cette possibilité.

EN RÉALITÉ,
VOTRE CHAT SE MET EN SÉCURITÉ

MON CHAT NOUS RÉVEILLE TRÈS TÔT LE MATIN

Les chats sont des animaux crépusculaires : leur instinct est de chasser au lever du soleil. C'est pour cette raison qu'il est souvent plus facile de mettre une chatière. Il pourra sortir à sa guise, surtout aux heures où faire le portier ne nous motive pas vraiment.

Pour les chats qui ne peuvent pas sortir, vous pouvez laisser des jeux à votre chat pour qu'il s'occupe aux heures où il est en forme ! Si vous cachez des croquettes un peu partout dans l'appartement, il aura l'impression de chasser aux heures adaptées.

EN RÉALITÉ,
VOTRE CHAT EST UN LÈVE-TÔT !

MON CHAT SE LAVE BEAUCOUP

Les chats passent beaucoup de temps à faire leur toilette. Elle leur permet de se débarrasser des odeurs, a une action apaisante, stimule la circulation sanguine et humidifie les poils lorsqu'il fait chaud l'été.

Lorsqu'il fait sa toilette, le chat étale le sébum produit par les glandes cutanées pour protéger son poil en le rendant plus gras. Par la même occasion, il absorbe de la vitamine D.

La toilette occupe un tiers de sa période d'éveil.

Si le chat ne fait plus sa toilette, il est sans doute malade. Consultez votre vétérinaire.

Si le chat fait sa toilette de manière excessive, il cherche à s'apaiser davantage, il est stressé.

EN RÉALITÉ

VOTRE CHAT SE MASSE

MON CHAT VIT LA NUIT

Les chats vivent la nuit parce qu'ils ont gardé leur instinct de chasseur nocturne. Ils traquent leur proie la nuit. C'est un comportement naturel qui devient un problème en appartement. Les chats qui n'ont pas accès à l'extérieur ne peuvent pas exprimer leur comportement de chasse et se défoulent à l'intérieur, même la nuit. Si vous souhaitez que votre chat dorme la nuit et ne vous réveille pas, il faut qu'il puisse se dépenser la journée. On ne peut pas leur demander de dormir la nuit puis la journée pendant que nous sommes au travail, le tout sans jamais se dépenser.

Si vous jouez avec votre chat un maximum la journée, il sera plus calme la nuit.

EN RÉALITÉ,
VOTRE CHAT N'EST PAS ASSEZ FATIGUÉ

MON CHAT VA CHEZ LE VOISIN

Il arrive souvent que les chats soient plus présents chez votre voisin que chez vous. Comme tous les comportements, il faut se demander ce que cela signifie.

Que va-t-il chercher chez votre voisin ? Sa nourriture est-elle adaptée ? Êtes-vous assez présent pour lui ? Pourquoi pourrait-il se sentir mieux chez votre voisin ? Certains chats peuvent tout simplement être opportunistes. Les chats n'ont

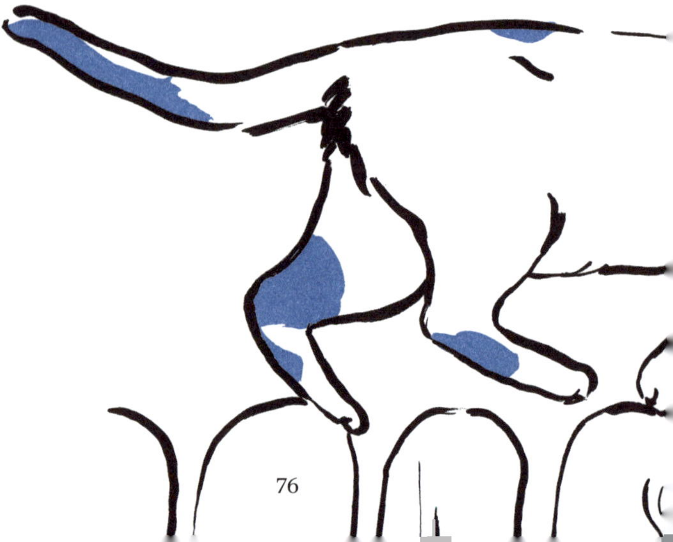

pas tout à fait les mêmes limites de propriété que nous. S'il n'y a pas d'autre chat qui occupe le territoire, le territoire est à lui. Il peut donc occuper votre jardin et celui de votre voisin, surtout si vous êtes en ville car les chats manquent de surface.

C'est un comportement normal que l'on ne peut pas empêcher. Rien ne limite un chat, il est libre.

EN RÉALITÉ,
VOTRE CHAT EST LIBRE

MON CHAT SE BAGARRE AVEC LES AUTRES CHATS

Lorsque votre chat sort, il peut rencontrer d'autres chats et se bagarrer. C'est naturel et cela fait partie de la vie d'un chat heureux, même si nous ne sommes pas toujours ravis de l'observer.

Deux chats vont généralement se bagarrer pour un territoire ou une femelle. Si le territoire est assez grand par rapport au nombre de chat, il y a aura peu de bagarres. Si le nombre de chats est important sur un même territoire, les bagarres seront plus nombreuses.

Dans les lotissements ou en ville, les chats sont souvent nombreux pour un espace assez restreint, entre 50 et 800 m^2, alors qu'à la campagne un chat peut aller jusqu'à 1 km autour de sa maison. Les chats devront apprendre à cohabiter et s'organiser en fonction. Ils adapteront les horaires, les espaces, l'ordre d'arrivée des chats... Le dernier arrivé est celui qui a le moins de droits et qui peut se faire poursuivre par les autres jusqu'à ce qu'un nouveau arrive. Il n'existe pas de hiérarchie à proprement parler puisque c'est surtout le plus malin, le plus stratège et celui qui arrive au bon endroit au bon moment qui obtient les accès aux différentes ressources.

Tout comme votre maison, le territoire des chats est organisé en différentes aires : d'élimination, de repos, de jeu et de chasse. À l'exception de l'aire de chasse, les différentes aires sont souvent situées dans le jardin privatif autour de votre maison. Il s'agit aussi de son jardin privé et il est très mal vu qu'un autre chat s'y promène. À l'extérieur de ce jardin, on observe le domaine public (comme chez les humains), cela correspond à l'aire de chasse. Les chats doivent alors s'organiser dans cette zone. Les règles à respecter seront plus importantes qu'au sein de son espace privé.

Vous pouvez donc commencer par observer cette organisation et comprendre pourquoi votre chat se bagarre et avec qui. Ensuite, vous pourrez l'aider à protéger son jardin privé si nécessaire en frappant dans vos mains pour impressionner le chat étranger. Vous pourrez aussi lui offrir la possibilité de rentrer se mettre en sécurité lorsqu'il le souhaite grâce à une chatière.

EN RÉALITÉ,
VOTRE CHAT ESSAIE DE TROUVER
UN TERRAIN D'ENTENTE AVEC SES VOISINS CHATS !

MON CHAT FAIT LE DOS ROND

Toutes les espèces animales possèdent un comportement pour paraître plus fort. Le chat fait le dos rond pour paraître plus gros et plus impressionnant, lorsqu'il se sent menacé, qu'il a peur ou face à un étranger car, dans le doute, il vaut mieux montrer qu'il est fort.

Le chat peut aussi faire le dos rond et marcher « en crabe » pour impressionner, mais ce comportement est aussi utilisé pour provoquer et appeler au jeu.

Votre chat peut tout simplement vous proposer de jouer avec lui. Ce comportement s'observe surtout chez les jeunes chats et ceux qui ne peuvent pas sortir en extérieur, qui s'ennuient et réclament un compagnon de jeu.

EN RÉALITÉ,
VOTRE CHAT VEUT JOUER AVEC VOUS ET PARAÎTRE PLUS IMPRESSIONNANT

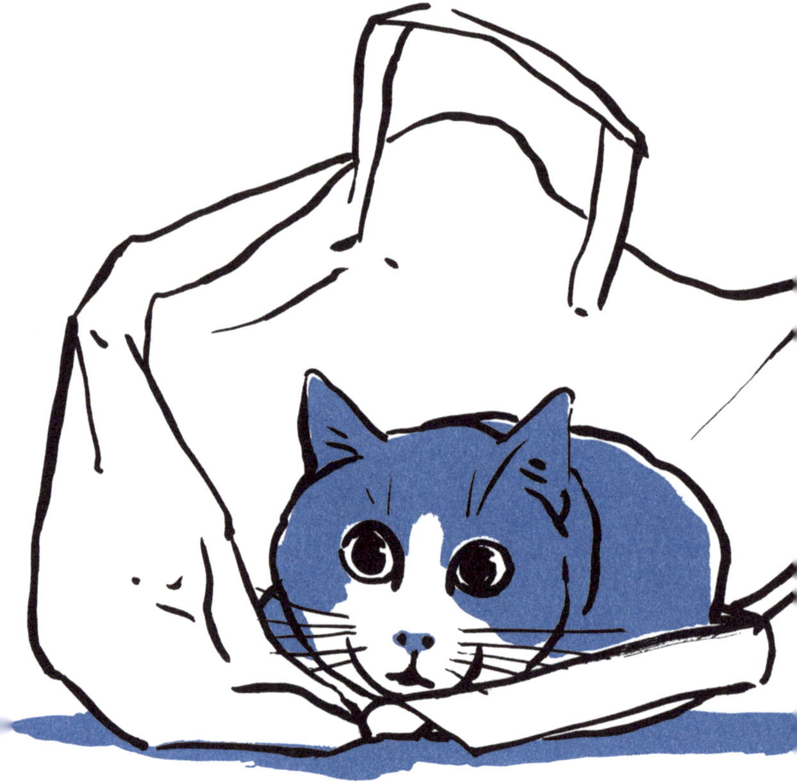

MON CHAT JOUE DANS LES SACS

Le chat repère toujours les sacs cabas ou les nouveaux cartons. Vous ouvrez un paquet et il joue dans les sacs pendant ce temps-là. C'est un comportement naturel : le chat, prédateur et proie à la fois, trouve tous les jeux qu'il recherche.

C'est un prédateur, lorsqu'il touche au sac — celui-ci bouge à un autre endroit et ainsi de suite. Le chat adore poursuivre cette proie fictive.

C'est une proie, il peut s'y cacher sereinement et s'y sentir protégé.

Vérifiez bien que le sac est adapté et que le chat ne peut pas se blesser.

EN RÉALITÉ

VOTRE CHAT SE CACHE
ET JOUE EN MÊME TEMPS

MON CHAT URINE EN JET

Le chat émet de l'urine de deux façons différentes :

- l'élimination (quand il va dans sa litière pour s'accroupir)
- l'urine en jet, le marquage urinaire qui lui permet de communiquer.

Il s'agit toujours d'un jet d'urine sur un support vertical qui permet au chat de marquer son territoire. Le lieu n'est donc pas choisi au hasard. Après avoir reniflé le sol, le chat se hisse sur ses pattes arrière, la queue dressée, et il projette le jet d'urine le plus haut possible tout en pétrissant le sol avec ses pattes. Cela lui permet de bouger de droite à gauche et ainsi de marquer avec son jet un territoire plus large. Plus le chat marque haut et large, plus son territoire sera clairement délimité pour les autres chats. C'est une sorte de clôture qui lui permet de délimiter son jardin privé.

Le chat étranger sait si le territoire appartient déjà à un autre chat ou non. S'il s'y aventure, une bagarre est possible. Certains chats poursuivront l'intrus pour qu'il sorte de leur territoire. D'autres, plus amicaux, mettront en place des horaires, chaque chat étranger devant respecter l'horaire auquel il est autorisé à pénétrer dans ce territoire. Ainsi, les chats ne s'y croisent pas.

Le jet d'urine peut aussi être sexuel chez les mâles non castrés afin de signaler aux femelles qu'il se trouve à proximité ou aux autres mâles que ce territoire est déjà pris.

En revanche, si le jet d'urine de votre chat a lieu dans des lieux inappropriés, il peut être le signe de son mal-être. Il peut s'agir d'un problème de santé : la première chose à faire est donc de vérifier la santé du chat chez un vétérinaire. Rappelons que les chats sont très sujets aux infections urinaires et autres problèmes du système urinaire.

Si le chat est en bonne santé, il peut s'agir d'anxiété ou de stress, ayant souvent pour origine un changement dans sa vie : déménagement ou arrivée d'un autre chat à l'extérieur ou dans la famille.

S'il s'agit d'un déménagement, le mieux est de rassurer le chat, en le plaçant dans une pièce plus petite avec tout ce qu'il faut (arbre à chat, litière, nourriture, eau, jeux), puis lorsqu'il s'y sent bien, d'agrandir son espace progressivement, pièce par pièce, jusqu'à ce qu'il s'y sente bien et ainsi de suite.

Dans le cas d'un nouveau venu, l'objectif est de faire en sorte qu'ils ne se croisent que pour partager un moment agréable afin qu'ils s'associent mutuellement à du positif et créent un lien amical.

EN RÉALITÉ
VOTRE CHAT CLÔTURE SON TERRAIN

MON CHAT SE FROTTE SUR LES MURS

Il se peut que votre chat se frotte sur les murs régulièrement. Les chats communiquent et marquent leur territoire *via* des hormones. Ils sécrètent des phéromones avec lesquelles ils signifient qu'ils sont chez eux. Ils vont frotter leur joue mais aussi leur corps contre le mur.

Se frotter sur les murs a le même objectif que le jet d'urine mais il est utilisé à l'intérieur de la maison. C'est beaucoup plus adapté que le jet d'urine.

Si votre chat se frotte sur les murs régulièrement, c'est qu'il se sent bien chez lui.

EN RÉALITÉ,

VOTRE CHAT DÉCORE SON LIEU D'HABITATION

UN PEU COMME LORSQUE VOUS DÉCOREZ VOTRE MAISON POUR VOUS L'APPROPRIER

MON CHAT S'ACHARNE SUR LE CANAPÉ

Pour marquer leur territoire, en plus du jet d'urine, les chats font aussi leurs griffes. Souvent ils réalisent ces griffades dans les lieux privés et intimes, comme l'intérieur de la maison.

Si votre chat ressent le besoin de marquer son territoire sur votre canapé, c'est qu'il a une raison. Tous les comportements ont une signification.

La texture de votre canapé peut tout simplement être un appel aux griffades : les griffes du chat s'y accrochent bien.

Un chat fait souvent ses griffes lorsqu'il est stressé. Si vous venez de déménager, il est probable que le vôtre cherche à se rassurer. Vous pouvez donc reprendre la procédure de déménagement concernant le cas du jet d'urine (p. 84).

Évidemment, le chat perçoit les effets et les conséquences de ses actes sur son environnement. Si vous réagissez trop et que vous donnez trop d'attention à ce comportement, même en le disputant, il recommencera. Un chat qui s'ennuie et manque d'activité, en appartement par exemple, préférera se faire disputer et avoir votre attention plutôt que de continuer de s'ennuyer.

La majorité des griffades sur les meubles sont causées par des chats qui ne peuvent pas sortir et vivre leur vie naturellement.

La solution est donc de faire en sorte que votre chat ne s'ennuie plus en lui proposant des jeux, en cachant des croquettes et en jouant avec lui.

De cette manière, il sera heureux, ses besoins naturels seront comblés, vous établirez un rapport de confiance et un lien d'attachement plus fort avec lui. Il ne sera plus obligé de griffer le canapé pour se rassurer et attirer votre attention.

Retirer les griffes d'un chat pour solutionner le problème est un acte cruel, barbare, contre nature et qui, de surcroît, rendra votre chat sans défense et sans possibilité de grimper pour vivre normalement et se mettre en sécurité.

Ne cherchez pas de solution, cherchez la signification de chaque comportement.

EN RÉALITÉ, VOTRE CHAT S'ENNUIE

MON CHAT AIME DORMIR EN HAUTEUR

Les chats dorment souvent en hauteur pour se sentir en sécurité. Ce sont des proies qui doivent pouvoir voir sans être vues. Pour cela, ils trouvent toutes les cachettes possibles pour réunir ses critères. L'armoire, le placard et les chaises sont des lieux de couchage privilégiés parmi toutes les possibilités.

Vous pouvez laisser votre chat dormir dans ces lieux sûrs, en les adaptant pour qu'il n'abîme pas vos vêtements.

De cette manière, il se sentira à l'abri dans son cocon.

EN RÉALITÉ,
VOTRE CHAT A BESOIN DE VOIR SANS ÊTRE VU

MON CHAT SE CACHE POUR DORMIR

Les chats sont des proies qui peuvent être poursuivies et mangées par des prédateurs comme les chiens. Pour dormir sereinement, ils ont besoin d'être cachés et en sécurité. Certains chats sont plus peureux et ils se cacheront plus que les autres. Pour que votre chat soit heureux, il est impératif de lui réserver des cachettes pour dormir au sein de votre maison.

Il existe des petites cabanes pour chat où il peut dormir caché et en hauteur. Un placard aménagé peut très bien faire l'affaire. De cette manière, vous garderez vos vêtements intacts.

Dans la nature, les animaux ne peuvent pas dormir sereinement, il en faut toujours un sur le qui-vive.

EN RÉALITÉ,
VOTRE CHAT VEUT DORMIR SEREINEMENT

MON CHAT NE VEUT PAS PARTAGER SON LIT

Le chat est un animal territorial et il aime se coucher sur le lit. C'est un lieu en hauteur, très confortable, et qui le sécurise. Il ne manque pas de place. Il est donc très attaché à son lit et peut devenir possessif en gardant son lit pour lui tout seul. C'est souvent avec les autres chats que des conflits surgissent.

Si vous avez plusieurs chats, il est important que chacun puisse avoir un lieu sécurisé et confortable pour dormir. De cette façon, ils pourront cohabiter plus facilement.

Le partage n'est pas toujours la qualité majeure de nos amis les chats.

EN RÉALITÉ,

VOTRE CHAT AIME TELLEMENT SON LIT QU'IL A PEUR QUE QUELQU'UN LE LUI PRENNE

MON CHAT SE COUCHE N'IMPORTE OÙ

Certains chats n'ont pas besoin de se sentir en sécurité. Ils sont sûrs d'eux et savent qu'ils ne craignent rien au sein de leur famille humaine et de leur maison. Tous les lieux de la maison peuvent servir de lieu de couchage : lit, canapé, fauteuil, chaise, placard, sol, tapis, etc. Et même une chaise bébé !

Le chat est un animal essentiellement territorial, s'il se couche n'importe où, c'est qu'il se sent heureux et en sécurité chez lui.

EN RÉALITÉ

VOTRE CHAT SE SENT TRÈS BIEN CHEZ LUI

MON CHAT HÉRISSE LE POIL

Un chat hérisse le poil quand il n'est pas content ou quand il a peur. Si la totalité de son pelage est gonflée, c'est qu'il est effrayé. L'analyse du déclencheur est déterminante.

Il se peut que votre chat soit anxieux et souffre du « rolling skin syndrom », ce qui provoque une onde de pilo-érection sur son dos. Ce comportement est fréquent et aucun déclencheur n'est visible.

Un coach-comportementaliste pourra vous aider à comprendre l'origine de cet état anxieux pour éliminer ce problème.

EN RÉALITÉ,

VOTRE CHAT EST EFFRAYÉ OU ANXIEUX

MES CHATS NE S'AIMENT PAS

Les chats sont des animaux « oui, mais non » : solitaires et grégaires à la fois, parfois sociables mais pas toujours. Dans la nature, ce sont des animaux qui ne vivent pas en groupe (sauf les femelles qui élèvent ensemble les petits). Ils ne se déplacent ni ne chassent en groupe. Chacun vit sa vie, mais ils sont tout de même capables de se rassembler et d'organiser des sortes de réunions, comme on peut souvent l'observer en ville. Ils peuvent vivre en groupe, à condition qu'il y ait assez de ressource par rapport au nombre de chats présents sur le territoire.

Il n'est donc souvent pas facile de faire cohabiter plusieurs chats sur un même territoire. Plus le territoire est restreint, moins il sera facile de les faire cohabiter.

En adoptant deux chats de sexe opposé, vous mettrez toutes les chances de votre côté : les mâles ont tendance à se battre plus facilement. Vous pouvez aussi adopter deux chats qui se connaissaient déjà en refuge. Si votre maison est grande et s'ils peuvent sortir, les chances de réussite sont importantes.

Dans tous les cas, on évite de faire cohabiter deux chats avec une grande différence d'âge, car la différence de mode de vie est trop importante. Le chaton risquerait de stresser le vieux chat à vouloir jouer en permanence avec lui, tandis que ce dernier souhaite être au calme et se reposer. Cela revient à faire cohabiter une personne âgée avec des étudiants faisant la fête !

À l'intérieur, en maison ou en appartement, chaque chat doit avoir son lieu de couchage, son lieu d'alimentation, et ses lieux d'élimination (3 litières pour 2 chats). Chacun doit pouvoir s'isoler s'il le souhaite.

Si un chat poursuit souvent l'autre, c'est qu'il s'ennuie. Il devrait pouvoir sortir ou s'occuper d'une façon ou d'une autre. Il est tout à fait possible d'apprendre à un chat de se promener en laisse, de les laisser sortir si on habite au premier étage grâce à une petite échelle ou de les occuper pour qu'ils se dépensent physiquement et intellectuellement à l'intérieur.

Vous pouvez leur faire partager une activité commune : comme pour n'importe quel animal ou humain, les liens se créent en partageant des activités agréables.

EN RÉALITÉ,
LES CHATS NE VIVENT PAS EN GROUPE DANS LA NATURE, MAIS ILS PEUVENT S'ATTACHER LES UNS AUX AUTRES

MON CHAT EST CASTRÉ MAIS IL A DES COPINES

Votre chat peut toujours être intéressé par les femelles en chaleur, mais il ne pourra pas se reproduire, ce qui limite le nombre de chat sans famille.

Il se peut qu'il faille un peu de temps pour que la castration fasse son effet.

Il aura de moins en moins de copines, ce qui lui évitera les maladies sexuellement transmissibles, comme la FIV (syndrome d'immunodéficience, le sida du chat) et la leucose, ainsi que les risques d'accident, car les matous sont prêts à parcourir des kilomètres pour rejoindre une femelle.

Parfois, il vaut mieux être vivant sans testicules que mort avec.

EN RÉALITÉ

VOTRE CHAT EST TOUJOURS UN CHAT

MON CHAT FEULE SUR MES AMIS

Si le chat feule ou crache, c'est qu'il veut impressionner. L'objectif est d'éloigner l'étranger ou le déclencheur.

Tous les chats peuvent se mettre à feuler à un moment précis. Comme tous les comportements, ce n'est pas une question de personnalité mais d'environnement. Vous-même, vous n'avez pas la même attitude à la maison qu'au travail. Vous changez de comportement en fonction de votre milieu. Pour le chat, c'est exactement la même chose.

On commence toujours par vérifier chez le vétérinaire s'il ne s'agit pas d'un problème de santé car le chat peut feuler s'il souffre.

Lorsque votre chat feule sur une personne, c'est qu'il a perdu ses repères, il a peur. On peut évoquer plusieurs origines, dont le syndrome de privation sensorielle : les chats qui ont grandi dans un milieu pauvre en stimulation ne sont pas habitués à gérer de nouvelles choses, comme des étrangers, et peuvent développer des peurs. Il est aussi possible que le chat n'ait pas été assez sociabilisé à l'être humain, à qui il ne fait pas confiance. Dans ce cas, il fera confiance uniquement à la personne d'attachement, les autres déclencheront le feulement ou la fuite.

La solution est donc de lui redonner confiance en l'être humain en général, et surtout en vos amis. Pour cela, vous pouvez utiliser les comportements d'apaisement. Le chat les utilise pour se détendre et pour détendre les éventuels étrangers dans certaines situations. Il suffit donc de communiquer comme lui.

Pour commencer, ignorez-le complètement en regardant ailleurs, comme s'il n'existait pas. Cela le rassurera. Demandez à vos amis de faire de même.

Clignez des yeux doucement et sereinement face à lui, cela lui permettra aussi de se détendre. Si c'est le cas, il vous imitera.

Après avoir établi un rapport de confiance pendant quelque temps, proposez-lui des séances de jeu avec vos amis, mais un par un. Le but est de faire du *pairing*, c'est-à-dire de ne pas lui parler, de ne rien lui demander, mais de simplement partager du temps avec lui, de passer un moment calme et d'être présent pour lui proposer des jeux ou quelques morceaux de nourriture.

Ainsi, votre chat pourra prendre confiance à son rythme envers des personnes étrangères.

EN RÉALITÉ,
VOTRE CHAT N'ATTAQUE PAS VOS AMIS,
CE SONT VOS AMIS QUI SONT SUR SON TERRITOIRE

MON CHAT FAIT SES BESOINS DANS MON POTAGER

Les chats sont très propres et ils aiment faire leur besoin dans la terre meuble et moelleuse et sur une grande surface. Un potager regroupe souvent ces caractéristiques.

Les chats iront donc naturellement dans le potager pour gratter et faire leurs besoins.

Si cela vous pose souci, il est possible d'opter pour un paillis de coco, matière désagréable pour le chat.

Les chats ont les coussinets fragiles et ils n'aiment pas les surfaces piquantes, vous pouvez aussi placer des pommes de pin ou des brindilles sur le sol.

Vous pouvez retourner de la terre un peu plus loin du potager pour qu'il ait un endroit pour faire ses besoins sans abîmer votre potager. De cette façon, il ira sur la terre meuble réservée à cet effet.

EN RÉALITÉ

VOTRE CHAT VEUT FAIRE SES BESOINS DANS UN LIEU ADAPTÉ ET PROPRE

MON CHAT APPREND À FAIRE SES BESOINS DANS LA LITIÈRE

Les chatons vont naturellement et facilement dans leur litière : les chats sont très propres par nature. Le principe est de recréer chez vous le même environnement que dans la nature. Il faut donc que certaines conditions soient réunies :

- la litière doit être naturelle, choisissez-la plutôt végétale. Vous pouvez aussi mettre de la terre dans le bac à litière, mais cela laisse des traces sur le sol...
- elle doit être d'environ 7 cm d'épaisseur
- elle doit être placée dans un lieu intime et caché avec un accès libre. Qui aimerait faire ses besoins en public ?

D'autre part, bien que dans la nature le chat soit un prédateur, il est aussi une proie. Il doit donc pouvoir observer ce qu'il se passe devant lui, tout en ayant un mur derrière pour assurer sa sécurité dans les directions qu'il ne peut pas contrôler durant l'élimination. Les litières doivent être en nombre suffisant : dans la nature, le chat ne refait ni aux mêmes endroits ni dans les endroits déjà souillés. Placez toujours une litière de plus que le nombre de chat : 1 chat = 2 bacs, 2 chats = 3 bacs, etc.

Si le chat élimine hors de sa litière, il est important de vérifier auprès du vétérinaire qu'il n'a pas de problème de santé. Comme pour tous les problèmes de comportement, cela n'est pas lié au hasard, il faut trouver l'explication et adapter la solution.

Dans ce cas, il est très simple de prendre modèle sur la nature, en modifiant certains paramètres comme la quantité, la qualité des litières et leur positionnement pour donner à votre chat ce dont il a besoin et ce pour quoi il est fait.

Certaines de nos réactions peuvent amplifier la situation : en grondant ou punissant votre chat, celui-ci va stresser et un chat stressé se rassure en éliminant hors de sa litière. Le mieux est donc d'ignorer le comportement indésirable, de comprendre ce qui a poussé votre chat à l'adopter, puis de modifier les paramètres en cause.

Les humains sont souvent surpris de voir un chat faire ses besoins en dehors du bac à litière mais nous devrions plutôt être surpris de l'inverse. Est-ce bien naturel pour un chat de faire ses besoins dans un bac en plastique ?

EN RÉALITÉ

VOTRE CHAT AIME FAIRE SES BESOINS DANS DES LIEUX INTIMES COMME VOUS !

MON CHAT NE RECOUVRE PAS SON URINE

Les chats urinent dans leur litière mais certains ne recouvrent pas. Certains chats laissent volontairement l'urine apparente pour communiquer avec l'autre chat présent.

D'autres n'ont tout simplement pas appris à le faire. C'est un apprentissage qui se fait par observation de la mère et si le chaton n'a pas eu la présence de sa mère assez longtemps ou si elle ne le faisait pas, il ne le fera pas.

Vous pouvez lui apprendre en le faisant vous-même devant lui tout en le félicitant. De cette manière, votre chat recouvrira son urine.

EN RÉALITÉ

VOTRE CHAT N'A PAS PU APPRENDRE À LE FAIRE

FAUT-IL COUPER LES GRIFFES DE MON CHAT ?

Les griffes sont l'essence même de ce qu'est un chat. Elles lui sont utiles pour grimper et se mettre en sécurité, se défendre, communiquer, se protéger, s'accrocher et évoluer dans un espace en 3 dimensions. Elles s'usent et se remplacent naturellement grâce à toutes ses activités et lorsque les chats font leurs griffes.

Si les griffes de votre chat sont trop longues, vous pouvez en parler avec votre vétérinaire mais il est important de comprendre pourquoi elles ne s'usent pas naturellement. Votre chat manque d'activités ? De sorties ? A-t-il des arbres à chat ? Du bois à disposition pour faire ses griffes ? Retirer les griffes d'un chat est une mutilation !

EN RÉALITÉ,

SI SON MODE DE VIE S'ÉLOIGNE TROP DU NATUREL, SES GRIFFES AUSSI

MON CHAT PERD SES GRIFFES

Un chat peut perdre ou abîmer ses griffes suite à une bagarre ou à un saut manqué. Dans ce cas, vous verrez peut-être des traces de sang.

Bien souvent, lorsque l'on retrouve une griffe, il s'agit d'une mue naturelle. C'est la raison pour laquelle les chats font leurs griffes : ils se débarrassent de l'ancienne griffe pour laisser place à la nouvelle.

EN RÉALITÉ,
VOTRE CHAT MUE

MON CHAT PERD SES POILS

Au changement de saison, les chats changent de vêtements et muent. C'est tout à fait naturel et cela leur permet d'être mieux isolés contre le froid, mais aussi le chaud.

Vous pouvez brosser votre chat tout en le caressant pour enlever les poils morts.

Si votre chat perd ses poils par plaque, la première chose à faire est de consulter votre vétérinaire. Cela peut être lié à la présence de parasites ou à des allergies.

Dans le cas contraire, il s'agit sans doute de l'expression d'anxiété qui peut être due à un déménagement ou l'arrivée d'un autre animal dans la famille.

Prendre rendez-vous avec un coach comportementaliste vous permettra de comprendre l'origine du problème et d'y remédier.

EN RÉALITÉ,
VOTRE CHAT CHANGE DE VÊTEMENT

MON CHAT A LES YEUX FLUORESCENTS LA NUIT

Les chats ont des yeux lumineux la nuit parce qu'ils possèdent un « tapis de lumière » jaune verdâtre qui est constitué de cellules spéciales qui reflètent la lumière comme le ferait un miroir. De cette manière, votre chat peut faire passer la lumière plusieurs fois dans son œil, ce qui permet d'augmenter la visibilité.

Le peu de lumière présente dans la nuit est amplifié.

Il peut chasser et vivre la nuit car le chat est crépusculaire : il est fait pour vivre la nuit.

EN RÉALITÉ

VOTRE CHAT POSSÈDE DES SORTES DE PHARES INTÉGRÉS POUR UNE MEILLEURE VISION DE NUIT

MON CHAT EST-IL HEUREUX ?

Pour qu'un être vivant soit heureux, il suffit de comprendre ses besoins et d'y répondre.

Le chat est un carnivore crépusculaire, chasseur, grégaire, sociable, indépendant, solitaire et affectueux. Il aime le confort, la chaleur de la cheminée en hiver mais il peut aussi se transformer en aventurier.

Il a donc besoin de l'aspect « nature », c'est-à-dire du même mode de vie qu'à l'état sauvage, en liberté : 4 h de chasse par jour, aller et venir à sa guise, observer le monde, débusquer, se dépenser, grimper, cohabiter avec d'autres chats, défendre son territoire et communiquer avec d'autres chats. Pour ce faire, rien de mieux que de pouvoir sortir librement dans la nature grâce à une chatière.

Pour les chats en appartement, vous pouvez compenser grâce à des activités de jeux et de chasse à l'intérieur ou en lui permettant de sortir d'une autre manière.

Mais il a aussi besoin de l'aspect « domestique », avec la sécurité et le confort que cela implique. Une maison chauffée l'hiver, l'impossibilité pour les autres chats ou d'éventuels prédateurs de venir au sein de sa maison. Les câlins auprès de sa famille humaine sont extrêmement importants pour lui. Et une alimentation en self-service répond entièrement à son besoin de manger régulièrement en petites quantités tout au long de la journée.

Si ces deux aspects sont respectés, le chat sera heureux, ce que vous pourrez constater grâce à ses ronronnements réguliers, ses séances de toilettage et de détente, son poil doux et soyeux ; il sera toujours prêt à communiquer avec vous et sera très câlin. Vous pourrez aussi observer des séances de jeu et de course dans tous les sens. Il pourra aussi frotter sa joue contre vous, se rouler sur le sol, marcher la queue dressée et chasser en extérieur avec enthousiasme.

EN RÉALITÉ,

SI LE CHAT PEUT SORTIR À SA GUISE, IL EST LE SEUL ANIMAL DOMESTIQUÉ QUI PROFITE DE LA SÉCURITÉ ET DU CONFORT QUE LUI OFFRE LA DOMESTICATION TOUT EN GARDANT UNE LIBERTÉ TOTALE

CONCLUSION

Chercher la signification de chaque comportement pour comprendre et communiquer avec votre chat sereinement est indispensable.

Tout comme nous, les chats s'adaptent, communiquent, ressentent des émotions, vivent et ne sont pas parfaits.

Les chats ont « l'arrière-train entre deux chaises », le côté nature et le côté domestique. Il s'agit de compenser celui qui manque : la partie nature, souvent.

Nous avons beaucoup de points communs avec les chats, notre organisation et nos besoins sont les mêmes.

Grâce à mon métier de coach comportementaliste, je vois tous les jours à quel point nous sommes capables d'aimer sans limite d'espèces. Je vis d'un métier basé sur l'amour entre les animaux de compagnie et leur famille humaine. Un jour viendra où ce même amour nous entraînera tous vers le respect de la vie, sous toutes ses formes.

REMERCIEMENTS

Merci à ma famille, à mes amis et à toutes celles et ceux qui m'ont encouragée et aidée à poursuivre mes rêves.
Je remercie mes grands-parents de m'avoir fait connaître mes premières émotions auprès des chats et transmis cette passion.
Je remercie mon chat, qui m'a encouragé à suivre ma mission de vie.

Illustrations : Maëlle Le Toquin

33, rue du Faubourg Montmartre
75009 Paris
Tél. : 01 48 05 03 03
www.editions-ulmer.fr
Retrouvez-nous sur Facebook et Instagram

Réalisation : Julia Verneau
Responsable éditoriale : Raphaèle Dorniol
Impression : Printer Trento, srl
ISBN : 978-2-37922-178-1
N° d'édition : 178-01

Dépôt légal : septembre 2021
Printed in Italy

MIXTE
Papier issu de sources responsables
FSC® C015829
FSC
www.fsc.org